I0466067

GUIDE ESSENTIEL

DE VOYAGE

CHOSES QUE VOUS DEVEZ EMPORTER LORSQUE VOUS PARTEZ EN VACANCES

CYNTHIA BERRY

Tous droits réservés. Aucune partie de cette publication
ne peut être reproduite, distribuée ou transmise sous
quelque forme ou par quelque moyen que ce soit, y
compris la photocopie, l'enregistrement ou d'autres
méthodes électroniques ou mécaniques, sans
l'autorisation écrite préalable de l'éditeur, sauf dans le
cas de brèves citations incorporées. dans des critiques
critiques et d'autres utilisations non commerciales
spécifiques autorisées par la loi sur le droit d'auteur.

Droits d'auteur © Cynthia Berry, 2024.

TABLE DES MATIÈRES

INTRODUCTION

Que vous embarquiez pour des vacances tant attendues ou un voyage d'affaires, une bonne planification et un bon emballage peuvent faire ou défaire votre expérience de voyage. Voyager, bien que passionnant, peut aussi être une tâche ardue, surtout lorsqu'il s'agit de décider quoi emporter et de s'assurer que vous disposez de tous les éléments essentiels nécessaires. Oublier des éléments cruciaux peut entraîner des désagréments, des dépenses supplémentaires et un stress inutile, qui peuvent ternir un voyage par ailleurs agréable.

L'art d'emballer consiste à trouver l'équilibre parfait entre transporter tout ce dont vous avez besoin tout en évitant le suremballage, ce qui peut entraîner des frais d'excédent de bagages et les tracas liés au transport de bagages lourds.

Une liste de colisage bien organisée garantit non seulement un voyage fluide et sans stress, mais vous permet également de vous concentrer sur la création de souvenirs précieux et de profiter pleinement de votre destination.

L'une des clés d'un emballage réussi consiste à créer une liste personnalisée adaptée à vos besoins de voyage spécifiques. Tenez compte de facteurs tels que la durée de votre voyage, le climat et les conditions météorologiques de votre destination, ainsi que les activités que vous envisagez de pratiquer. Une liste de colisage méticuleusement élaborée peut vous servir de guide fiable, vous assurant de ne pas négliger les éléments essentiels tout en vous empêchant de suremballer.

Une planification et un emballage appropriés ne se limitent pas aux vêtements et aux articles de toilette. Il est essentiel d'avoir tous les documents de voyage nécessaires, tels que les passeports, les visas et l'assurance voyage, facilement accessibles. De plus, avoir sur soi des copies de documents importants et des coordonnées d'urgence peut assurer une tranquillité d'esprit et aider à faire face à des situations inattendues sur la route.

À l'ère du numérique, les appareils électroniques sont devenus des compagnons de voyage indispensables. En vous assurant que vous disposez des chargeurs, adaptateurs et banques d'alimentation nécessaires, vous pouvez rester connecté et vous permettre de capturer des souvenirs à travers des photos et des vidéos de manière transparente. Cependant, il est tout aussi important de trouver un équilibre et de se déconnecter de la technologie le cas échéant, afin de vous immerger pleinement dans les images, les sons et les expériences de votre destination.

Le confort et la commodité doivent également être une priorité lors de la préparation d'un voyage. Investissez dans des accessoires de voyage qui peuvent améliorer votre voyage, comme un ensemble de bagages polyvalent et durable, un oreiller de voyage confortable et des écouteurs antibruit pour les longs vols ou trajets en train. Envisagez également d'emporter des options de divertissement comme des livres, des magazines ou des jeux de voyage pour vous aider à passer le temps pendant les transports et les temps d'arrêt.

De plus, les essentiels de voyage doivent répondre à vos besoins et préférences spécifiques. Si vous voyagez avec des enfants, assurez-vous d'avoir tous les articles nécessaires pour bébé ou enfant.

Si vous êtes un passionné de plein air, n'oubliez pas d'emporter votre équipement d'aventure. Les voyageurs d'affaires peuvent avoir besoin d'articles supplémentaires comme un chargeur portable, un ordinateur portable et une tenue professionnelle.

En planifiant et en emportant les bons essentiels de voyage, vous pouvez minimiser le stress, maximiser le confort et garantir une expérience de voyage fluide et agréable. Que vous soyez un globe-trotter chevronné ou un aventurier débutant, avoir les bons articles à portée de main peut faire toute la différence pour transformer votre voyage en une expérience vraiment inoubliable et sans tracas.

CHAPITRE 1
LES BASES DE L'EMBALLAGE

Un bon emballage est la base de tout voyage réussi. Bien maîtriser les bases peut faire toute la différence pour garantir une expérience de voyage fluide du début à la fin. De la sélection des bons bagages à l'utilisation de stratégies d'emballage efficaces et à la mise en ordre de tous les documents nécessaires, ces principes fondamentaux sont cruciaux pour tout voyageur.

Choisir le bon bagage

Le type de bagage que vous choisissez peut avoir un impact significatif sur votre confort et votre commodité de voyage. Tenez compte des facteurs suivants lors de la sélection de vos sacs de voyage :

1. Type de voyage : La durée et la nature de votre voyage dicteront la taille et le style des bagages dont vous avez

besoin. Pour les courtes escapades du week-end, un bagage à main ou une petite valise peut suffire, tandis que les voyages plus longs peuvent nécessiter un bagage enregistré plus grand ou un ensemble de bagages.

2. Matériau et durabilité : recherchez des bagages fabriqués à partir de matériaux durables tels que le polycarbonate de haute qualité, le nylon balistique ou l'aluminium. Ces matériaux peuvent résister aux rigueurs du voyage, protégeant vos effets personnels des chutes accidentelles, des chocs et des conditions météorologiques défavorables.

3. À roulettes ou sans roulettes : les bagages à roulettes peuvent changer la donne, en particulier pour les voyages plus longs ou lors de la navigation dans les aéroports et les gares. Choisissez des bagages dotés de roues à roulement fluide et d'une poignée

télescopique pour une maniabilité facile.

4. Caractéristiques organisationnelles : Recherchez des bagages dotés de plusieurs compartiments, poches et séparateurs pour vous aider à rester organisé et à accéder facilement à vos affaires. Des fonctionnalités telles que des sangles de compression, des sacs à linge et des verrous approuvés par la TSA peuvent également être extrêmement utiles.

5. Poids : Faites attention au poids du bagage lui-même, car il peut ajouter un poids considérable à votre charge totale, surtout lorsqu'il est combiné avec le poids de vos articles emballés.

Stratégies d'emballage

Une fois que vous avez sélectionné les bons bagages, il est temps d'employer des stratégies d'emballage efficaces pour maximiser l'espace et garantir que vos affaires arrivent à destination en parfait état :

1. Créez une liste de colisage : commencez par créer une liste de colisage complète adaptée à votre voyage spécifique. Cela vous aidera à vous souvenir de tous les éléments essentiels et à éviter de suremballer ou d'oublier des éléments cruciaux.

2. Rouler et plier : Rouler les vêtements au lieu de les plier peut permettre d'économiser beaucoup d'espace dans vos bagages. Pour les articles plus volumineux comme les pulls ou les vestes, pensez à utiliser des cubes d'emballage à compression ou des sacs en plastique pour éliminer l'excès d'air et minimiser leur empreinte au sol.

3. Utilisez des cubes et des pochettes d'emballage : Investissez dans des cubes et des pochettes d'emballage pour organiser vos affaires par catégorie (par exemple, sous-vêtements, chaussettes, appareils électroniques) et garder vos bagages

bien rangés tout au long de votre voyage.

4. Emballez les objets les plus lourds en bas : placez les objets plus lourds comme des chaussures, des livres ou des appareils électroniques au fond de vos bagages pour répartir uniformément le poids et éviter qu'ils ne bougent pendant le transport.

5. Utilisez les espaces vides : remplissez les espaces vides de vos bagages avec des objets plus petits comme des chaussettes, des ceintures ou des chargeurs pour maximiser chaque centimètre d'espace disponible.

6. Préparez un sac de jour : en plus de votre bagage principal, emportez un sac de jour ou un sac à dos plus petit pour transporter des objets essentiels comme votre portefeuille, votre passeport, vos médicaments et des vêtements de rechange pendant les jours de voyage ou d'excursions.

7.

Documents essentials

Avoir les bons documents de voyage est crucial pour voyager sans tracas, surtout lors du franchissement des frontières internationales. Voici quelques documents essentiels que vous devriez avoir sous la main :

1. Passeport : Si vous voyagez à l'étranger, un passeport valide est absolument indispensable. Assurez-vous que votre passeport a au moins six mois de validité restante et suffisamment de pages vierges pour les tampons d'entrée et de sortie.

2. Visas : Selon votre destination et votre nationalité, vous devrez peut-être obtenir un visa avant votre voyage. Recherchez les exigences en matière de visa longtemps à l'avance et demandez tous les visas nécessaires pour éviter les complications aux passages frontaliers.

3. Itinéraire de voyage et numéros de confirmation : imprimez ou ayez des

copies numériques de votre itinéraire de voyage, y compris les informations de vol, les réservations d'hôtel et toute activité ou visite pré-réservée. Avoir des numéros de confirmation à portée de main peut rationaliser les processus d'enregistrement et résoudre tous les problèmes qui pourraient survenir.

4. Documents d'assurance voyage : L'assurance voyage peut offrir une protection précieuse contre des circonstances imprévues comme les annulations de voyage, les urgences médicales ou la perte de bagages. Conservez des copies de votre police d'assurance voyage et les coordonnées de votre assureur à portée de main.

5. Permis de conduire ou pièce d'identité émise par le gouvernement : en plus de votre passeport, ayez sur vous un permis de conduire valide ou une carte d'identité émise par le gouvernement. Ces documents peuvent être requis

pour des activités telles que la location d'une voiture, l'enregistrement dans des hôtels ou l'achat d'articles soumis à une limite d'âge.

6. Copies de documents importants : faites des copies de votre passeport, de votre police d'assurance voyage et d'autres documents importants. Conservez ces copies séparément des originaux, soit dans votre bagage à main, soit chez un ami de confiance ou un membre de votre famille à la maison.

7. Informations de contact d'urgence : créez une liste de contacts d'urgence, comprenant les noms, numéros de téléphone et adresses e-mail des membres de votre famille, de vos amis et de l'ambassade ou du consulat de votre pays à votre destination.

8. Conseils aux voyageurs et lois locales : recherchez les conseils aux voyageurs ou les lois et coutumes locales pour votre destination afin de garantir une

expérience de voyage fluide et respectueuse.

En maîtrisant les bases de l'emballage, notamment en choisissant les bons bagages, en employant des stratégies d'emballage efficaces et en ayant tous les documents nécessaires en ordre, vous serez bien préparé pour un voyage fluide et sans stress. Une fois ces bases en place, vous pouvez vous concentrer sur la création de souvenirs inoubliables et vous immerger pleinement dans les joies du voyage.

CHAPITRE 2
VÊTEMENTS ESSENTIELS

Emporter les bons vêtements est essentiel pour garantir confort, praticité et plaisir pendant vos voyages. Que vous exploriez des villes urbaines, que vous fassiez de la randonnée sur des terrains accidentés ou que vous vous prélassiez sur des plages tropicales, avoir une tenue vestimentaire appropriée peut faire toute la différence.

Tenue adaptée à la météo

L'une des considérations les plus importantes lors de l'emballage des vêtements pour voyager est la météo et le climat de votre destination. Ne pas tenir compte de la température, des précipitations et d'autres conditions météorologiques peut vous laisser mal préparé et mal à l'aise.

1. Recherchez la météo : Avant de faire vos valises, recherchez minutieusement les conditions météorologiques et les températures typiques de votre destination pendant la période de l'année où vous voyagerez. Faites attention à des facteurs tels que l'humidité, les précipitations et les vents, car ils peuvent avoir un impact significatif sur vos besoins vestimentaires.

2. Superposition : La superposition est essentielle pour rester à l'aise dans diverses conditions météorologiques. Emportez des couches de base légères, des couches intermédiaires isolantes et des couches extérieures protectrices qui peuvent être facilement ajoutées ou retirées selon les besoins. Cette approche vous permet de vous adapter aux températures et conditions changeantes tout au long de votre voyage.

3. Équipement de pluie et de temps froid : Si vous voyagez vers une destination présentant un risque de pluie ou de temps

froid, emportez une veste imperméable et coupe-vent, un parapluie et des chaussures appropriées comme des bottes ou des chaussures imperméables. Dans les climats plus froids, n'oubliez pas les accessoires chauds comme des chapeaux, des gants et des écharpes.

4. Protection solaire : Pour les destinations chaudes et ensoleillées, emportez des vêtements légers et respirants fabriqués à partir de tissus comme le lin, le coton ou les matières synthétiques évacuant l'humidité. De plus, emportez un chapeau à larges bords, des lunettes de soleil et beaucoup de crème solaire pour vous protéger des rayons UV nocifs.

Tenues polyvalent
Lorsque vous préparez vos bagages pour un voyage, la polyvalence est essentielle. En sélectionnant des vêtements qui peuvent être mélangés et assortis, vous pouvez créer plusieurs tenues tout en minimisant la

quantité de vêtements que vous devez emporter.

1. Palette de couleurs neutres : tenez-vous-en à une palette de couleurs neutres composée de noirs, de gris, de bleus et de beiges pour vos vêtements de base. Ces couleurs sont faciles à coordonner et peuvent être habillées ou décontractées selon les besoins.

2. Mélangez et assortissez : Préparez des hauts, des bas et des robes qui peuvent être facilement combinés pour créer différents looks. Par exemple, quelques hauts polyvalents peuvent être associés à des pantalons et des jupes pour différentes occasions.

3. Pièces superposées : Incluez des pièces superposées polyvalentes comme des cardigans, des vestes légères et des écharpes qui peuvent être ajoutées aux tenues pour créer de la chaleur, du style et de la variété.

4. Options plus habillées : Si votre voyage comprend des événements formels ou de bons dîners, préparez une ou deux tenues plus habillées qui peuvent être facilement habillées avec des accessoires comme des bijoux, un blazer ou des chaussures habillées.

5. Tissus infroissables : Choisissez des vêtements fabriqués à partir de tissus infroissables comme des mélanges de polyester, des tricots ou des tissus performants qui peuvent être facilement emballés et portés sans repassage ni repassage intensifs.

Choix de chaussures

Des chaussures confortables et appropriées sont essentielles pour toute expérience de voyage, que vous exploriez des villes, des sentiers de randonnée ou que vous passiez simplement de longues journées debout.

1. Chaussures de marche ou baskets : Emportez une paire de chaussures de marche ou de baskets confortables et rodées qui offrent un bon soutien de la voûte plantaire et une bonne traction. Ce seront vos chaussures de prédilection pour faire du tourisme, explorer et porter au quotidien.

2. Sandales ou tongs : Pour les destinations par temps chaud ou les sorties à la plage, emportez une paire de sandales ou de tongs robustes qui peuvent résister à la marche sur diverses surfaces. Recherchez des options offrant une bonne traction et un bon soutien.

3. Bottes de randonnée ou chaussures de trail : Si votre voyage implique des activités de plein air comme la randonnée ou le trekking, investissez dans une paire de bottes de randonnée ou de chaussures de trail de qualité conçues pour les terrains accidentés. Cassez-les avant votre voyage pour éviter les ampoules et l'inconfort.

4. Chaussures habillées : Si vous prévoyez assister à des événements formels ou à de bons restaurants, emportez une paire de chaussures habillées qui peuvent être portées avec vos tenues plus habillées.

5. Chaussures aquatiques ou chaussettes aquatiques : Pour les activités aquatiques comme la plongée en apnée, le kayak ou l'exploration de la plage, pensez à emporter une paire de chaussures aquatiques ou des chaussettes aquatiques pour protéger vos pieds des surfaces coupantes et assurer la traction.

6. Chaussettes ou collants de compression : Pour les longs vols ou les périodes prolongées de position assise, les chaussettes ou collants de compression peuvent aider à améliorer la circulation et à prévenir le gonflement de vos jambes et de vos pieds.

En emportant des vêtements adaptés aux conditions météorologiques, des tenues polyvalentes et des chaussures adaptées, vous serez prêt à affronter toute aventure ou occasion qui se présentera au cours de votre voyage. Des choix de vêtements confortables, pratiques et adaptables vous permettront de vous immerger pleinement dans votre destination sans vous laisser distraire par une tenue mal adaptée.

CHAPITRE 3
ARTICLES DE TOILETTE ET DE SOINS PERSONNELS

Maintenir une bonne hygiène et prendre soin de vos besoins personnels est essentiel pour une expérience de voyage confortable et agréable. Des produits de soins de base aux produits de soins de la peau et aux médicaments, emporter les bons articles de toilette et de soins personnels peut vous aider à rester frais, en bonne santé et préparé pour toute situation.

Produits d'hygiène
Les produits d'hygiène de base sont indispensables pour tout voyage, vous permettant de maintenir votre routine de soins habituelle et de vous sentir mieux sur la route.

1. Brosse à dents et dentifrice : Emportez une brosse à dents et du dentifrice au format

voyage, ou envisagez d'investir dans une brosse à dents pliable ou compacte pour un emballage facile.

2. Déodorant : Choisissez un déodorant ou un antisudorifique au format voyage qui répond à vos besoins, vous assurant de rester frais et confortable tout au long de votre voyage.

3. Shampoing et après-shampooing : Pour gagner de la place, pensez à emporter des barres de shampoing et d'après-shampoing solides ou au format voyage qui sont conformes à la TSA.

4. Savon ou nettoyant pour le corps : Emportez un pain de savon ou une petite bouteille de nettoyant pour le corps, en vous assurant qu'il respecte les restrictions relatives aux liquides des compagnies aériennes si vous le transportez.

5. Rasoir et fournitures de rasage : Si vous devez vous raser pendant votre voyage, emportez un rasoir jetable ou une crème à raser et un après-rasage au format voyage.

6. Produits d'hygiène féminine : N'oubliez pas d'emporter suffisamment de produits d'hygiène féminine pour la durée de votre voyage, car ils pourraient ne pas être facilement disponibles ou familiers à votre destination.

Les essentiels des soins de la peau
Protéger et prendre soin de votre peau est essentiel, surtout lorsque vous voyagez dans des climats et des environnements différents. Préparez des produits de soin adaptés à votre type de peau et à vos besoins.

1. Crème solaire : emportez une crème solaire à large spectre avec un FPS d'au moins 30 pour protéger votre peau des

rayons UV nocifs, surtout si vous passez du temps à l'extérieur.

2. Crème hydratante : emportez une crème hydratante au format voyage adaptée à votre type de peau pour garder votre peau hydratée et lutter contre la sécheresse, en particulier dans les climats arides ou froids.

3. Baume à lèvres : Protégez vos lèvres des gerçures et du dessèchement en emballant un baume à lèvres hydratant avec protection SPF.

4. Nettoyant et tonique pour le visage : Si vous avez une routine de soins de la peau régulière, emballez des versions au format voyage de votre nettoyant et tonique pour le visage préférés pour maintenir votre routine en déplacement.

5. Démaquillant : Si vous portez du maquillage, emportez un démaquillant au format voyage pour vous assurer de pouvoir

nettoyer en profondeur votre peau avant de vous coucher.

6. Désinfectant pour les mains et lingettes humides : Conservez un désinfectant pour les mains en format voyage et un paquet de lingettes humides pour maintenir l'hygiène et la propreté lorsque le savon et l'eau ne sont pas facilement disponibles.

Médicaments et trousse de premiers secours

Emporter les bons médicaments et une trousse de premiers soins bien garnie peut vous sauver la vie en cas de maladie, de blessure ou d'urgence médicale en voyage.

1. Médicaments sur ordonnance : Emportez suffisamment de vos médicaments sur ordonnance habituels pour durer tout le voyage, plus quelques jours supplémentaires en cas de retard ou d'urgence. Conservez-les dans leurs contenants d'origine étiquetés.

2. Médicaments en vente libre : Préparez une petite quantité de médicaments en vente libre pour les affections courantes comme les maux de tête, les maux d'estomac, la diarrhée, la constipation, les allergies et le soulagement de la douleur.

3. Trousse de premiers soins : Préparez une trousse de premiers soins compacte comprenant des bandages, des lingettes antiseptiques, des compresses de gaze, du ruban adhésif, des ciseaux, des pincettes et toute autre fourniture essentielle dont vous pourriez avoir besoin en cas de blessures mineures ou d'urgences.

4. Remèdes contre le mal des transports : Si vous êtes sujet au mal des transports, préparez des remèdes appropriés comme des pilules contre le mal des transports, des bracelets ou des bonbons au gingembre.

5. Coordonnées d'urgence : conservez une liste des numéros de téléphone d'urgence, y

compris ceux de votre assureur, de l'ambassade ou du consulat le plus proche, ainsi que de votre famille ou de vos amis de confiance.

6. Documents d'assurance voyage : Emportez des copies de vos documents d'assurance voyage, y compris les numéros de police et les coordonnées, au cas où vous auriez besoin de déposer une réclamation ou de demander une assistance médicale pendant votre voyage.

En emportant les articles de toilette et de soins personnels essentiels, vous maintiendrez non seulement vos routines habituelles d'hygiène et de soins, mais vous serez également préparé à tout problème médical mineur ou urgence qui pourrait survenir pendant votre voyage. Cette préparation contribuera à assurer votre bien-être et vous permettra de vous concentrer pour profiter pleinement de votre voyage.

CHAPITRE 4
ÉLECTRONIQUE ET GADGETS

À l'ère numérique d'aujourd'hui, voyager sans les bons appareils électroniques et gadgets peut vous donner le sentiment d'être déconnecté et mal préparé. Des appareils de communication aux chargeurs et gadgets de divertissement, emporter les essentiels technologiques appropriés peut améliorer votre expérience de voyage et vous permettre de rester connecté lors de vos déplacements.

Des dispositifs de communication

Rester en contact avec ses proches, accéder aux informations essentielles et naviguer vers des destinations inconnues sont tous facilités avec les bons appareils de communication.

1. Smartphone : Votre smartphone est probablement l'un des appareils les plus essentiels que vous emporterez

lors de votre voyage. Assurez-vous qu'il est entièrement chargé et équipé des applications nécessaires à la navigation, à la traduction et à la communication.

2. Chargeur portable ou banque d'alimentation : Un chargeur portable ou une banque d'alimentation est indispensable pour garder vos appareils chargés lorsque vous êtes loin des prises de courant pendant de longues périodes.

3. Carte SIM internationale ou point d'accès Wi-Fi portable : Si vous prévoyez d'utiliser votre smartphone à l'étranger, envisagez d'acheter une carte SIM internationale ou un point d'accès Wi-Fi portable pour éviter des frais d'itinérance coûteux et rester connecté sans dépendre des réseaux Wi-Fi publics.

4. Adaptateur de voyage : selon votre destination, vous aurez peut-être besoin d'un adaptateur de voyage pour

garantir que vos appareils électroniques peuvent être chargés et utilisés avec les prises électriques locales.

Chargeurs et adaptateurs

Garder vos appareils chargés et compatibles avec les sources d'alimentation locales est crucial pour une expérience de voyage fluide.

1. Chargeurs d'appareils : emballez des chargeurs pour tous vos appareils électroniques essentiels, y compris votre smartphone, tablette, ordinateur portable, appareil photo et tout autre appareil que vous prévoyez d'apporter.

2. Adaptateur de voyage universel : Un adaptateur de voyage universel est un accessoire polyvalent qui vous permet de recharger vos appareils dans différents pays avec différentes configurations de prises électriques.

3. Multiprise ou hub USB : Une multiprise compacte ou un hub USB

peut vous sauver la vie, vous permettant de charger plusieurs appareils simultanément à partir d'une seule prise.

4. Batterie portable : en plus de votre chargeur portable pour votre smartphone, pensez à emporter une batterie portable plus grande pour garder votre ordinateur portable ou d'autres appareils gourmands en énergie chargés lors de vos déplacements.

Gadgets de divertissement

Les longs vols, les escales et les temps d'arrêt pendant vos voyages peuvent être rendus plus agréables avec les bons gadgets de divertissement.

1. Tablette ou liseuse : emportez une tablette ou une liseuse chargée de vos livres, magazines, films ou émissions de télévision préférés pour vous

divertir pendant les transports ou les moments calmes.

2. Casque antibruit : Investissez dans une paire d'écouteurs antibruit pour bloquer le bruit ambiant et vous immerger pleinement dans votre divertissement ou votre musique.

3. Appareil de jeu portable : Si vous aimez jouer, un appareil de jeu portable comme une console portable ou une tablette de jeu peut vous offrir des heures de divertissement pendant vos voyages.

4. Caméra d'action ou drone : Pour les voyageurs aventureux, une caméra d'action ou un drone compact peut capturer de superbes photos et vidéos de vos explorations en plein air.

5. Haut-parleur portable : un haut-parleur portable compact, étanche et durable peut améliorer votre expérience de voyage en vous permettant de profiter de votre musique ou de vos podcasts préférés

lors de vos déplacements ou de vous détendre dans votre hébergement.

En emportant les bons appareils électroniques et gadgets, vous resterez non seulement connecté et diverti, mais vous aurez également accès à des outils essentiels pour la navigation, la communication et la capture de souvenirs inoubliables. N'oubliez pas d'emporter les chargeurs, adaptateurs et sources d'alimentation de secours nécessaires pour garantir que vos appareils restent fonctionnels tout au long de votre voyage.

CHAPITRE 5

Bien que les vêtements, les appareils électroniques et les objets personnels soient essentiels à tout voyage, les accessoires de voyage peuvent améliorer votre confort, votre commodité et votre tranquillité d'esprit. Des oreillers et couvertures de voyage confortables aux pèse-bagages portables et aux verrous de sécurité, ces accessoires peuvent faire une différence significative dans votre expérience de voyage globale.

Oreiller et couverture de voyage

Les longs vols, trajets en train ou voyages en voiture peuvent être inconfortables et vous laisser agité et fatigué. Un oreiller de voyage confortable et une couverture douce peuvent vous aider à prendre un repos bien mérité et à arriver à destination rafraîchi.

1. Oreiller de voyage : Investissez dans un oreiller de voyage de haute qualité qui offre un bon soutien du cou et de la tête. Recherchez des options en mousse à mémoire de forme ou en microbilles, qui épousent la forme de votre cou et de votre tête, réduisant ainsi la tension et l'inconfort.

2. Couverture de voyage : une couverture de voyage légère et compacte peut vous apporter chaleur et confort pendant votre voyage. Recherchez des options fabriquées à partir de tissus doux et respirants comme la polaire ou la micropolaire, qui peuvent être facilement emballées et nettoyées.

3. Masque pour les yeux et bouchons d'oreilles : Pour une meilleure qualité de sommeil, pensez à emporter un masque pour les yeux pour bloquer la lumière et des bouchons d'oreilles pour réduire le bruit ambiant, en particulier sur les vols de nuit ou dans les hébergements partagés.

Balance à bagages portative

Les frais de bagages en surpoids peuvent rapidement s'accumuler et réduire votre budget de voyage. Un pèse-bagages portable peut vous aider à peser vos bagages avant de partir pour l'aéroport, vous garantissant ainsi de respecter les limites de poids et d'éviter des frais coûteux de surpoids.

1. Pèse-bagages numérique : Recherchez un pèse-bagages numérique compact, léger et facile à utiliser. Ces balances comportent généralement un crochet ou une sangle intégrée pour se fixer solidement à vos bagages et fournir des mesures de poids précises.

2. Balance à bagages portable : Les balances à bagages portables sont une autre option pratique, vous permettant de soulever et de peser facilement vos sacs. Ils comportent souvent une poignée intégrée et un affichage numérique pour des lectures rapides du poids.

3. Capacité de poids : choisissez un pèse-bagages dont la capacité de poids dépasse la limite de poids maximale de votre compagnie aérienne ou de votre mode de transport, afin de pouvoir peser avec précision même vos sacs les plus lourds.

Serrures et sécurité de voyage

Garder vos affaires en sécurité pendant votre voyage est de la plus haute importance. Les verrous de voyage et les accessoires de sécurité peuvent offrir une couche supplémentaire de protection et de tranquillité d'esprit.

1. Serrures à bagages approuvées par la TSA : Investissez dans des serrures à bagages approuvées par la TSA, qui permettent aux agents de la Transportation Security Administration (TSA) d'ouvrir et d'inspecter vos sacs avec une clé principale universelle, sans endommager les serrures ou vos bagages.

2. Câbles antivol : Les câbles antivol peuvent être utilisés pour sécuriser vos sacs à un objet fixe, tel qu'un chariot à bagages ou un point sécurisé dans votre chambre d'hôtel, dissuadant ainsi le vol opportuniste.

3. Portefeuilles et pochettes bloquant la RFID : l'écrémage RFID (identification par radiofréquence) est une forme de vol à la tire électronique qui peut voler des informations sensibles sur vos cartes de crédit, passeports et autres documents compatibles RFID. Les portefeuilles, pochettes et pochettes bloquant les RFID peuvent protéger vos informations personnelles et financières contre toute compromission.

4. Coffre-fort ou coffre-fort portable : Pour plus de sécurité dans votre logement, pensez à emporter un coffre-fort ou un coffre-fort portable pour stocker des objets de valeur comme des passeports, de l'argent liquide et

des bijoux lorsque vous ne les transportez pas avec vous.

En intégrant ces accessoires de voyage à votre liste de colisage, vous améliorerez non seulement votre confort et votre commodité, mais vous gagnerez également en tranquillité d'esprit en sachant que vos effets personnels sont en sécurité et protégés tout au long de votre voyage.

CHAPITRE 6
SANTÉ ET BIEN-ÊTRE

Maintenir de bonnes pratiques de santé et de bien-être pendant un voyage peut être un défi, mais c'est essentiel pour profiter pleinement de votre voyage. Qu'il s'agisse de rester hydraté et nourri ou d'intégrer une activité physique à votre routine de voyage, emporter les bons articles peut vous aider à donner la priorité à votre bien-être lors de vos déplacements.

Bouteille d'eau
Rester hydraté est crucial, surtout lorsque vous voyagez sous des climats différents ou que vous pratiquez des activités intenses. Une bouteille d'eau réutilisable peut vous aider à rester hydraté tout en réduisant votre dépendance aux bouteilles en plastique à usage unique, qui peuvent être coûteuses et nocives pour l'environnement.

1. Bouteille d'eau isolée : Investissez dans une bouteille d'eau isolée de haute qualité qui peut garder votre eau fraîche pendant des heures, même par temps chaud. Recherchez des bouteilles fabriquées à partir de matériaux durables comme l'acier inoxydable ou le plastique à double paroi.

2. Conception étanche : choisissez une bouteille d'eau avec une conception étanche pour éviter les déversements accidentels dans vos bagages ou votre sac. De nombreuses bouteilles isothermes sont dotées de couvercles sécurisés et de bouchons à visser pour éviter les fuites.

3. Bouteille pliable ou pliable : Si vous essayez d'économiser de l'espace dans vos bagages, envisagez une bouteille d'eau pliable ou pliable qui peut être compressée lorsqu'elle n'est pas utilisée, puis agrandie lorsque vous devez la remplir.

Collations et nutrition

Les longues journées de voyage, les vols retardés ou les options de restauration limitées peuvent rendre difficile le maintien d'une alimentation saine et équilibrée. Préparer des collations nutritives peut vous aider à éviter les choix malsains et à maintenir votre niveau d'énergie à un niveau élevé.

1. Collations riches en protéines : Préparez des collations riches en protéines, comme des noix, des mélanges montagnards, de la viande séchée ou des barres protéinées, pour vous sentir rassasié et plein d'énergie.

2. Fruits et légumes frais : Si vos projets de voyage le permettent, emportez des fruits et légumes frais comme des pommes, des carottes ou des contenants de houmous ou de beurre de noix pour une collation nutritive et rafraîchissante.

3. Grains entiers : incluez des options de grains entiers comme des craquelins, des barres granola ou du pop-corn pour une collation riche en fibres qui peut vous aider à vous sentir rassasié.

4. Collations hydratantes : emportez des collations hydratantes comme des fruits secs, de l'eau de coco ou des boissons reconstituant les électrolytes pour lutter contre la déshydratation pendant le voyage.

Équipement d'exercice et d'étirement
Rester actif et intégrer de l'exercice à votre routine de voyage peut aider à soulager les raideurs, à améliorer la circulation et à augmenter votre niveau d'énergie global. Emporter le bon équipement peut faciliter l'intégration lors d'une séance d'entraînement ou d'étirements, même dans des espaces limités.

1. Bandes de résistance ou bandes d'entraînement : Les bandes de résistance

ou bandes d'entraînement sont légères, compactes et polyvalentes, vous permettant d'effectuer un entraînement complet du corps dans votre chambre d'hôtel ou à l'extérieur.

2. Tapis de yoga ou tapis de voyage : Un tapis de yoga ou un tapis de voyage léger et pliable peut fournir une surface confortable pour les étirements, le yoga ou les exercices de musculation, même dans des espaces restreints.

3. Corde à sauter : Une corde à sauter compacte peut être un excellent ajout à votre kit de fitness de voyage, vous permettant de faire un entraînement cardio presque n'importe où.

4. Fitness Tracker ou Smartwatch : Un tracker de fitness ou une montre intelligente peut vous motiver à rester actif en suivant vos pas, la distance parcourue et vos niveaux d'activité physique tout au long de vos voyages.

5. Vêtements d'entraînement : Emballez des vêtements d'entraînement légers qui évacuent l'humidité qui peuvent facilement être superposés ou emballés dans vos bagages, vous permettant de faire de l'exercice confortablement dans n'importe quel environnement.

En intégrant ces éléments essentiels de santé et de bien-être à votre liste de colisage, vous serez mieux équipé pour maintenir vos niveaux d'hydratation, de nutrition et d'activité physique, vous assurant ainsi d'avoir l'énergie et la vitalité nécessaires pour profiter pleinement de vos aventures de voyage.

CHAPITRE 7
ARGENT ET MONNAIE

Gérer vos finances lorsque vous voyagez peut être une tâche ardue, en particulier lorsque vous devez naviguer dans différentes devises, taux de change et méthodes de paiement. Une planification et une préparation adéquates peuvent vous aider à maîtriser vos finances, à éviter des frais inutiles et à garantir une expérience de voyage sans stress.

Espèces et cartes
Avoir la bonne combinaison d'espèces et de cartes peut offrir flexibilité et sécurité lors des transactions lors de vos voyages.

1. Monnaie locale : recherchez la devise utilisée à votre destination et obtenez un montant raisonnable en espèces locales avant votre voyage. Avoir de la monnaie locale à portée de main peut être utile pour donner un pourboire,

faire de petits achats ou payer le transport à l'arrivée.

2. Cartes de crédit et de débit : informez votre banque et les sociétés émettrices de cartes de crédit de vos projets de voyage afin d'éviter tout problème potentiel lié aux transactions signalées comme frauduleuses. Emportez au moins deux cartes de crédit ou de débit différentes au cas où l'une d'elles serait perdue ou volée.

3. Chèques de voyage (facultatif) : bien que moins couramment utilisés aujourd'hui, les chèques de voyage peuvent fournir un niveau de sécurité supplémentaire car ils peuvent être remplacés en cas de perte ou de vol. Gardez toutefois à l'esprit qu'ils peuvent être plus difficiles à encaisser dans certaines destinations.

4. Ceinture porte-monnaie ou portefeuille : Investissez dans une ceinture porte-monnaie ou un portefeuille de voyage sécurisé pour

garder votre argent, vos cartes et vos documents importants en sécurité et dissimulés lors de vos déplacements.

Outils de budgétisation

Respecter un budget lorsque vous voyagez peut être difficile, mais disposer des bons outils peut vous aider à suivre vos dépenses et à respecter vos moyens.

1. Planificateur de budget de voyage : avant votre voyage, créez un budget de voyage détaillé qui tient compte des dépenses telles que l'hébergement, le transport, la nourriture, les activités et les frais divers. Cela vous aidera à fixer des objectifs de dépenses réalistes et à éviter les dépenses excessives.

2. Applications de budgétisation : téléchargez une application de budgétisation qui vous permet de suivre vos dépenses en temps réel, de catégoriser vos dépenses et de définir des limites de dépenses ou des alertes

pour vous aider à rester sur la bonne voie.

3. Feuille de calcul ou carnet de notes : Si vous préférez une approche plus traditionnelle, une simple feuille de calcul ou un carnet de voyage peut être utilisé pour enregistrer vos dépenses quotidiennes et suivre votre budget.

Applications de conversion de devises

Lorsque vous voyagez vers plusieurs destinations ou que vous traitez avec différentes devises, disposer d'une application de conversion de devises fiable peut s'avérer inestimable.

1. Applications de conversion de devises : téléchargez une application de conversion de devises qui fournit des taux de change à jour et vous permet de convertir rapidement entre les devises. Recherchez des applications capables de gérer plusieurs devises et des conversions hors ligne.

2. Applications d'argent de voyage : envisagez d'utiliser une application d'argent de voyage dédiée qui permet non seulement de convertir les devises, mais offre également des fonctionnalités supplémentaires telles que le suivi des dépenses, la planification budgétaire et les localisateurs de guichets automatiques/banques.

3. Fonctionnalité hors ligne : choisissez une application offrant des fonctionnalités hors ligne, vous permettant d'accéder aux taux de conversion et d'effectuer des calculs même lorsque vous n'avez pas de connexion Internet.

En étant préparé avec la bonne combinaison d'espèces, de cartes, d'outils de budgétisation et d'applications de conversion de devises, vous pouvez gérer efficacement vos finances pendant vos voyages, en évitant le stress inutile et en garantissant une expérience de voyage plus agréable et financièrement responsable.

CHAPITRE 8
SÛRETÉ ET SÉCURITÉ

Bien que voyager soit une expérience passionnante et enrichissante, il est essentiel de donner la priorité à votre sûreté et à votre sécurité tout au long de votre voyage. Qu'il s'agisse d'avoir des contacts d'urgence à portée de main, de souscrire une assurance voyage complète ou de suivre des conseils de sécurité essentiels, prendre des mesures proactives peut vous apporter une tranquillité d'esprit et vous aider à faire face à toute situation inattendue en toute confiance.

Contacts urgency

Avoir une liste de contacts d'urgence facilement disponibles peut vous sauver la vie en cas d'urgence ou de situation urgente lors d'un voyage.

1. Famille et amis : créez une liste de coordonnées des membres de votre famille et de vos amis les plus proches, y compris leurs noms, numéros de téléphone et adresses e-mail. Partagez votre itinéraire de voyage avec eux et tenez-les informés de vos déplacements.

2. Ambassade ou consulat : recherchez et notez les coordonnées de l'ambassade ou du consulat de votre pays à votre destination. Ils peuvent fournir assistance et soutien en cas d'urgence, de documents de voyage perdus ou volés ou d'autres questions urgentes.

3. Services d'urgence : notez les numéros des services d'urgence de votre destination, tels que l'équivalent local du 911 ou les numéros de la police, des pompiers et des services d'ambulance.

4. Fournisseur d'assurance voyage : Si vous disposez d'une assurance voyage, conservez

les coordonnées de votre fournisseur d'assurance à portée de main, y compris sa ligne d'assistance téléphonique d'urgence et les détails de sa politique.

Assurance voyage

L'assurance voyage peut offrir une protection inestimable et une tranquillité d'esprit en cas de circonstances imprévues ou d'urgence pendant votre voyage.

1. Couverture médicale : recherchez une police d'assurance voyage offrant une couverture médicale complète, comprenant des services d'évacuation médicale d'urgence et de rapatriement, au cas où vous auriez besoin de soins médicaux ou d'une hospitalisation à l'étranger.

2. Annulation et interruption de voyage : Envisagez une police d'assurance qui couvre les frais d'annulation ou d'interruption de voyage, qui peut vous rembourser les dépenses non remboursables si vous devez

annuler ou écourter votre voyage en raison de circonstances imprévues comme une maladie, une blessure ou une urgence familiale.

3. Bagages perdus ou retardés : De nombreuses polices d'assurance voyage offrent une couverture pour les bagages perdus, volés ou retardés, ce qui peut vous aider à remplacer les articles essentiels ou à couvrir le coût de l'achat de produits de première nécessité en attendant l'arrivée de vos bagages.

4. Couverture des sports d'aventure : Si votre voyage implique des sports d'aventure ou des activités à haut risque, recherchez une police d'assurance qui couvre ces activités afin de garantir que vous êtes protégé en cas d'accident ou de blessure.

Conseils de sécurité pour les voyageurs seuls

Voyager seul peut être une expérience stimulante et enrichissante, mais il est important de prendre des précautions supplémentaires pour assurer votre sécurité.

1. Faites confiance à votre instinct : faites attention à vos intuitions et évitez les situations ou les zones qui vous mettent mal à l'aise ou vous mettent en danger. Si quelque chose ne vous convient pas, retirez-vous immédiatement de la situation.

2. Restez conscient de votre environnement : Lorsque vous explorez une nouvelle destination, restez vigilant et conscient de votre environnement. Évitez d'attirer l'attention sur vous en vous habillant modestement et en vous fondant dans la culture locale.

3. Partagez votre itinéraire : informez vos amis ou les membres de votre famille de vos

projets de voyage, y compris les détails de votre hébergement et les heures d'arrivée et de départ prévues. Enregistrez-vous régulièrement pour leur faire savoir que vous êtes en sécurité.

4. Utilisez des transports agréés : lorsque cela est possible, utilisez des taxis agréés, des services de covoiturage ou des transports publics au lieu de véhicules banalisés ou de prestataires de transport privés.

5. Sécurisez vos effets personnels : Gardez vos objets de valeur, tels que vos passeports, vos espèces et vos appareils électroniques, en sécurité et hors de vue. Pensez à utiliser des sacs antivol, des ceintures porte-monnaie ou des poches cachées pour dissuader les pickpockets et les voleurs opportunistes.

6. Connectez-vous avec d'autres voyageurs : envisagez de participer à des visites ou à des

activités de groupe, en particulier dans les zones où voyager en solo peut être plus difficile ou dangereux. Se connecter avec d'autres voyageurs peut procurer un sentiment de communauté et une sécurité accrue.

En étant préparé avec les contacts d'urgence, en souscrivant une assurance voyage complète et en suivant les conseils de sécurité essentiels, vous pouvez voyager avec plus de confiance et de tranquillité d'esprit, vous permettant ainsi de profiter pleinement des aventures et des expériences qui vous attendent au cours de votre voyage.

CONCLUSION

Alors que vous vous lancez dans votre prochaine aventure, n'oubliez pas que les objets les plus essentiels que vous devrez emporter ne sont pas des biens matériels, mais plutôt un esprit d'émerveillement, un esprit ouvert et une volonté d'embrasser l'inconnu. Même si la liste de contrôle des objets physiques contenue dans ce livre s'avérera sans aucun doute utile, la véritable magie du voyage réside dans les souvenirs que vous créerez et dans la croissance personnelle que vous vivrez.

Embrassez la spontanéité de votre voyage et n'ayez pas peur de vous éloigner de votre itinéraire ou de vous écarter de vos projets. Certains des moments les plus mémorables se produisent lorsque vous vous permettez de vous perdre délicieusement, que ce soit physiquement ou métaphoriquement. Faites confiance à la gentillesse des étrangers, plongez-vous dans de nouvelles cultures et savourez les saveurs de cuisines inconnues.

En fin de compte, les plus beaux souvenirs que vous rapporterez de vos voyages ne sont pas les bibelots ou les photographies mais les histoires que vous raconterez, les leçons que vous apprendrez et les transformations personnelles que vous subirez.

Alors voyagez léger, mais remplissez votre cœur et votre esprit d'un sentiment d'aventure, de curiosité et de gratitude.

En vous lançant dans ce voyage, n'oubliez pas que le monde est vaste et que ses merveilles sont infinies. Embrassez l'inconnu et laissez les expériences que vous avez vécues faire de vous un individu plus équilibré, plus empathique et plus éclairé. Bon voyage, cher lecteur, et que votre prochaine aventure soit inoubliable.

www.ingramcontent.com/pod-product-compliance
Lightning Source LLC
Chambersburg PA
CBHW070128230526
45472CB00004B/1477